¡Otra vez no, Caperucita!

Not Again, Red Riding Hood!

Kate Clynes & Louise Daykin

Spanish translation by Maria Helena Thomas

mantra

Caperucita estaba jugando en el jardín, después de su terrible experiencia con el lobo feroz.

"Caperucita" - llamó su mamá - "He hecho galletas, ven a coger una. ¿Por qué no le llevas unas a papá?"

Bueno, Caperucita aún estaba un poco nerviosa y no quería adentrarse en el bosque. Pero su mamá necesita ayuda y a papá le encantan las galletas. Caperucita dijo que sí.

Red Riding Hood was playing in the garden after her terrible ordeal with that nasty wolf.

"Red Riding Hood," called her Mum, "I've made cookies, come and get one. Why not take some to Dad?"

Now Red Riding Hood still felt a bit nervous about going into the wood. But Mum needed her help, and Dad loved his cookies. So, she agreed to go.

Her Mum counted ten freshly made cookies into a basket. 2, 4, 6, 8, 10. Red Riding Hood gave her Mum a big hug and off she went.

La mamá contó diez galletas recién hechas y las puso
en el cesto. Dos, cuatro, seis, ocho, diez.
Caperucita le dio un abrazo a su mamá y
emprendió camino.

Caperucita no se había alejado mucho cuando oyó una pequeña voz que decía:
"Caperucita, Caperucita, ¿llevas algo de comer? Llevo siglos atrapada en esta torre y me muero del hambre."
"Manda tu cesto," - dijo Caperucita - "Tengo una deliciosa galleta recién hecha para ti."

She hadn't gone far when she heard a small voice: "Red Riding Hood, Red Riding Hood, have you any food? I've been stuck up in this tower for ages and I'm starving."
"Send down your basket," said Red Riding Hood. "I have a delicious, freshly made cookie for you."

"Mmmmm, mis favoritas"
- respondió Rapunzel -
"Qué bien verte tan pronto
después de tu terrible
experiencia con el lobo feroz."

"Yummy, my favourite," replied Rapunzel.
"It's good to see you out again, so soon after
your terrible ordeal with that nasty wolf."

Caperucita reanudó su camino para llevarle las galletas recién hechas a su papá.
Miró en el cesto…
¡Las diez ahora eran nueve!

Red Riding Hood set off again to deliver the freshly made cookies to her Dad.
She looked into her basket.
10 had become 9!

Al rato llegó a la casa del señor y la señora Oso. Estaban sentados a la mesa del jardín, con bebé Oso, mirando desconsoladamente sus platos vacíos.
"Caperucita, Caperucita, ¿llevas algo de comer? Estamos muertos de hambre. ¡Alguien se ha comido todo nuestro cereal!"

After a while she arrived at Mr and Mrs Bear's house. They were sitting around their garden table with Baby Bear staring into three very empty bowls.
"Red Riding Hood, Red Riding Hood, have you any food? We're starving. Someone's eaten all our porridge!"

Caperucita era una niña muy buena...Puso una galleta fresca en cada uno de los platos.

Now Red Riding Hood was a kind little girl and she popped one freshly made cookie into each of their bowls.

"¡Ah! Gracias!" - dijeron los osos - "Qué bien verte tan pronto después de tu terrible experiencia con el lobo feroz."

"Oooooh, thank you," said the bears. "It's good to see you out again, so soon after your terrible ordeal with that nasty wolf."

Caperucita reanudó su camino.
Miró en el cesto… ¡Las nueve ahora eran seis!
No había andado mucho cuando llegó a la casa de su abuelita.
"Debo entrar a visitarla y a ver cómo está después de su terrible experiencia
con el lobo feroz" - pensó Caperucita.

Red Riding Hood marched on.
She looked into her basket. 9 had become 6!
She hadn't gone far when she reached Grandma's house.
"I must see how Grandma is after her terrible ordeal with
that nasty wolf," thought Red Riding Hood.

La abuelita estaba en su cama.
"Abuelita, Abuelita, tienes cara de hambre,"
- dijo Caperucita.

Grandma was in bed.
"Grandma, Grandma, you look starving," said Red
Riding Hood.

"Cómete una de estas galletas que hizo mamá. Se las llevo a papá y estoy segura de que a él no le importará que te dé una."

"Gracias, cariño" - dijo la abuelita - "Eres una niña muy considerada. Ahora corre y no hagas esperar a tu papá."

"You must have one of Mum's home made cookies. I'm taking some to Dad, and he won't mind you having one."

"Thank you dear," said Grandma. "You are a thoughtful girl. Now run along and don't keep your father waiting."

Caperucita le dio un beso en la mejilla a su abuelita
y salió corriendo a encontrar a su papá.
Miró en el cesto… ¡Las seis ahora eran cinco!

Red Riding Hood gave Grandma a kiss on the cheek
and rushed off to find her Dad.
She looked into her basket. 6 had become 5!

Al rato llegó al río. Tres cabritos muy flacos estaban acostados sobre un pasto muy seco.

"Caperucita, Caperucita, ¿llevas algo de comer? Estamos muertos de hambre."

After a while she reached the river. Three very scrawny billy goats were lying on a patch of rather brown grass.

"Red Riding Hood, Red Riding Hood, have you any food? We're starving."

"No podemos cruzar el puente para comer pasto fresco"
- dijeron - "Debajo del puente hay un ogro hambriento
que espera para comernos."

"We can't cross the bridge to eat the lush green grass,"
they said. "There's a mean and hungry
troll waiting to eat us."

"Pobres, coman estas galletas hechas en casa,
son deliciosas. Una, dos, tres."

"You poor things, try some home made cookies,
they're delicious. 1, 2, 3."

"Eres muy buena" - dijeron los cabritos - "Qué bien verte tan pronto después de tu terrible experiencia con el lobo feroz."

"You're very kind," said the billy goats. "Nice to see you out again, so soon after your terrible ordeal with that nasty wolf."

Caperucita continuó corriendo.
Miró en el cesto…
¡Las cinco ahora eran dos!
"Al menos por aquí no hay lobos feroces"
- pensó Caperucita.
Pero, en ese momento…

Red Riding Hood ran on.
She looked into her basket.
5 had become 2!
"Well at least there aren't any nasty wolves
around here," thought Red Riding Hood.
Just then…

…un lobo saltó frente a ella.
"Ajá" - dijo el lobo - "Así que la Caperucita ha salido tan pronto después de
su terrible experiencia con mi hermano. Sólo de verte se me abre el apetito."
"Puedes comerte mis galletas," - chilló Caperucita.

…a wolf jumped out in front of her.
"Well, well, well!" said the wolf. "If it isn't Red Riding Hood out again, so soon after
your terrible ordeal with my brother. Seeing you makes me feel rather peckish."
"You can't have any of my cookies," squeaked Red Riding Hood.

"Yo no pensaba en galletas" - gruñó el lobo
saltando sobre Caperucita.

"I wasn't thinking about cookies,"
growled the wolf as he leapt towards her.

Pero su papá había oído el grito y apareció
con un hacha.

Hearing a scream, her Dad appeared
wielding his axe.

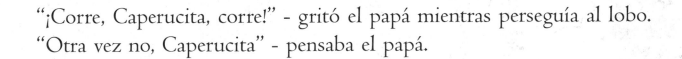

"¡Corre, Caperucita, corre!" - gritó el papá mientras perseguía al lobo.
"Otra vez no, Caperucita" - pensaba el papá.

"Run, Red Riding Hood! Run!" he bellowed as he chased the wolf away.
"Not again, Red Riding Hood," thought Dad.

Los dos tenían mucha hambre después de esa terrible experiencia.
Caperucita miró en el cesto.
"Una para ti y una para mí" - dijo Caperucita.

They were both hungry after their terrible ordeal.
She reached into her basket.
"One for you and one for me," said Red Riding Hood.

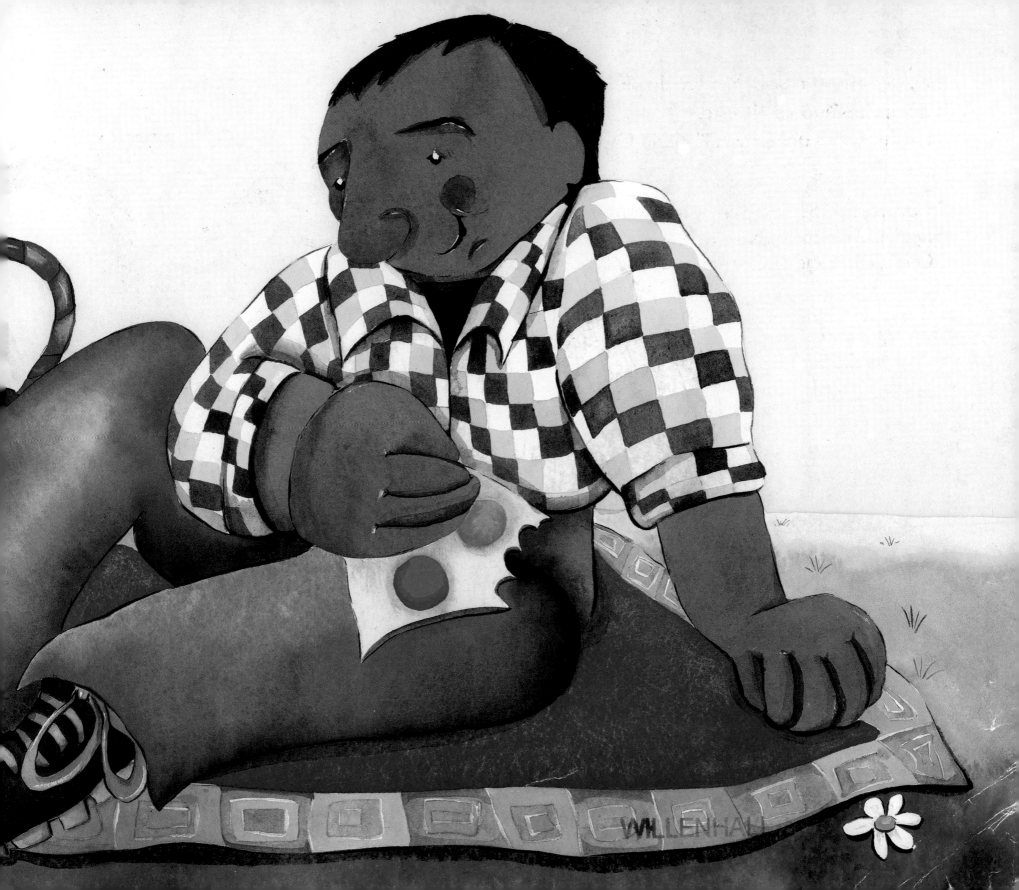

Y no quedó ni una.

And then there were none.

British Library Cataloguing-in-Publication Data:
a catalogue record for this book is available
from the British Library.

First published 2003 by Mantra
5 Alexandra Grove, London N12 8NU, UK
www.mantralingua.com